AF350708

Denisse Martínez

Insomnios
del alma

VENADO REAL

Dedicatoria

A Dios por traerme hasta aquí.
A mi hijo por ser quien me inspira
a seguir luchando mis batallas cada día.
A mi familia y a mis amigos sinceros.
A un amor fugaz.

"Como si se pudiese elegir el amor,
como si no fuera un rayo
que te parte los huesos".

Julio Cortázar

Preludio

Estas son las poesías de mis insomnios, de mis lunas de espera, de los días que han pasado nublados de nostalgia, de los cansancios que han descansado en tu recuerdo. ***En mis insomnios, mi alma lloró. En mis insomnios, mi alma te habló.*** No sé si la escuchaste, pero quiero pensar que sí y te fue imposible responder.

Son mis dedos esclavos de la tinta y el papel, los que escribirán todo aquello que mi boca no quiere decir, porque es tímida y callada, pero ellos son atrevidos y no se avergüenzan. No sienten pena y les gusta escribir, mientras estos ojos se encuentran pasmados en plena medianoche, perplejos en recuerdos que no se van, pero que duelen como heridas en la piel.

Con la poesía podemos darle voz al alma. No siempre es perfecta. A veces es un misterio. Hay que sentirla para entenderla. Con ella surgen nuevos capítulos e ilusiones, porque estamos hechos para renacer, aunque el camino sea largo y algunas veces maltrecho.

Aquí describo las noches en que los sentidos se hicieron cómplices de un alma confundida, y escribieron mis poemas más delirantes.

Noche uno

Primera noche sin hablarme. Se ha marchado sin despedirse, y ni siquiera puedo esperar que me escriba. No veré nunca más esos ojos que amo y esa sonrisa que adoro por completo.

Esta noche será, sin dudar, la más larga y sé que no necesitaré café. Estoy desvelada y seguiré estándolo por largo, largo tiempo; porque el insomnio ha llegado despiadado y violento, como este sentimiento que me quema el alma.

El lamento de mi piel es por no haberse enredado un poco más con la tuya. No haberse escurrido entre tus noches con esa pasión que tan solo con una palabra provocabas. El lamento de mi alma, que te hayas metido demasiado profundo en ella.

Siempre tuve miedo a no volver a verte. Siempre tuve miedo a no tenerte… Y cuán acertado presagio, ese en el que pude ver que te irías.

Tu partida

Y te vi fugaz, como en un sueño,
y te abracé deprisa, con la corazonada
de que sería la última vez que te vería…

Lo vi venir, pero no pude evitarlo,
porque ese era el destino, tuyo y mío:
todo y nada, razón y locura…

Estoy rota y mi corazón sangrando.
Ni transfundirme podría salvarme
de este triste desenlace que,
aunque presentí,
confié que fuera de esos que solo te inquietan,
pero al final no se cumplen.

Qué errada estuve.

Y lloré, lloré, lloré sin sentido…
Y esperé, esperé, esperé,
sin saber qué esperar.

Y mis lágrimas fueron cuchillos
que desgarraban mis mejillas
y caían cual tormenta despiadada.

Y mis ojos ya no durmieron,
pero no sabían
que ese era apenas el comienzo
de un largo, pero largo desvelo…

Noche dos

Otra noche de desvelo, esperando al sueño que no llega. Deseando que esto sea solo una pesadilla. Las letras llegan a mi mente, empujadas por el huracán de mi dolor que necesita arrasar todo lo que esté a su paso. Devastar con violencia estos pensamientos que no pueden estar en calma.

Escribo y al mismo tiempo sujeto los pedazos de mi alma. Veo que esta noche promete un poema más…

Culpable es mi alma

Fue mi alma la que se enamoró de ti,
de tus demonios…

La que no pudo librarse de tus miradas,
de tus palabras, de tu piel.

Fue ella la que quedó atada a cada fragmento de ti.

Es ella la que no quiere dejarte ir,
la que quiere seguir persiguiendo tus sentidos,
tus desaires, tu desamor…

Es ella la que me tiene hundida en este insomnio,
que me martiriza y me somete.

¡Reclámale a ella!
Porque yo soy la víctima en esta historia.

Es ella la que te busca en cada parte de mi ser,
la que te tiene atado a mí sin sentido,
y no quiere soltar las cadenas.

Es ella la que alimenta mis noches de miedo y soledad,
con tu recuerdo.

Noche tres

Seguimos aquí, mi amigo insomnio y yo. No hay café. No es necesario. Quizás debería descorchar una botella de vino y servir una copa para disfrutarla con esta soledad abrumadora que me arropa.

Estoy planeando qué hacer mañana. Quizás tendré otra botella para degustar, o saldré al jardín a escuchar, lo que otra larga noche tendrá para contar.

Voces de la Noche

Una luna eclipsada para mí.
Una noche como pocas,
larga y agitada.
El eco de las palabras que no dijiste,
pero imaginé.

No llamo a mis sentimientos,
porque ellos están perdidamente desequilibrados.
Están atormentados por la sombra de ese amor
que se esfuma entre esta triste y mortal noche.
Pero no es necesario llamarlos,
ellos están al acecho.

Aquí los tengo, sentados a la orilla de mi cama,
recordándome que apenas empieza
mi odisea por olvidarte,
que intentarlo será agotador.

"No es que no debas intentarlo", me dicen,
mas, me advierten, que será una larga travesía.

Noche cuatro

No tengo técnica, ni creo que haga poesía. Solo este inmenso deseo de apaciguar el desconsuelo que me perturba desde hace ya tres noches, e insiste en dominarme, y al que no sé cómo responder, porque apenas lo estoy conociendo…

Leo a Benedetti, después los 20 poemas de amor de Neruda, y entonces desespero con su canción desesperada. Y me pierdo yo en esta melancolía, que me hace sucumbir y me deja en llanto. Ellos sabían hacer poesía, lo que yo no sé, pero intento, en mi afán por sacar todo esto que siento, o seguiré muriendo tan lentamente, que mis huesos se harán cenizas mientras me lamento. Tampoco sé lo que estoy haciendo, pero necesito la pluma y el papel para liberar estas ansias de escribirte. Leo a Coelho, para que el universo conspire y me alinee las estrellas, para que ellas se adueñen de mis noches y me inspiren a convertir esta tristeza en versos. Plasmo mis desvelos en esta hoja, esperando que la tinta alcance…

Tiempo

Me he sentado junto al tiempo a verlo pasar,
porque tengo muchas horas para compartir con él.

¿Qué podría hacer en estas horas,
donde solo escucho un mudo y frío silencio?

Lo observo correr y solo veo
cómo viene a llevarse esta alocada ilusión
que me ha puesto entre la espada y la pared,
entre si me hundo o me hago velero;
si me destruyo lento o me destrozo de un solo golpe;
si peleo contra este amor imposible
o me recuesto a morir en la orilla
de este inmenso silencio…

Noche cinco

Esto va en serio. Ni una palabra has dicho. Tu indiferencia me está matando… ¿Cómo seré capaz de aguantarlo? ¿A quién le contaré mis absurdos? ¿Quién me hará estremecer los sentidos otra vez con esas palabras breves, pero intensas?

Solo quiero entender y luego, si pudiera, borrar estos sentimientos tan irrazonables, para que la mente se distancie largo tiempo del corazón. ¡Ojalá toda la vida!

Estoy en llamas, ¿cómo podré apagar mis emociones?

Dilema

¿Cómo es que el corazón se llena cuando amas,
y por qué se niega a quedarse vacío otra vez?

La confusión me invade
y quiere secuestrar mis sentimientos.

No comprende cómo pudiste adivinarme,
no una vez, sino mil veces,
y ahora desapareces,
como si fueras polvo en medio de la brisa…

A lo mejor en algún breve momento,
nuestras mentes estuvieron conectadas,
solo por casualidad.

Noche seis

Esta noche estoy insoportablemente desquiciada. He amarrado mi cordura al pie de la cama. Me lleno de ansiedades, de preguntas sin respuestas, de dudas…

Si tan solo hubiese desviado la mirada y te hubiese negado ese beso. Si tan solo no te hubiese dejado entrar en mi vida y dejado ser dueño de mis sentimientos…

Hiciste que te mirara, hiciste que te admirara, hiciste que te amara, para al final escurrirte en tu cobardía. Te di mi corazón completo, tú me lo devolviste en partes que aún no he podido juntar.

Necesito más papel, porque podría adelantar varias noches más de las que me acechan con sus insomnios. Trato de controlar mi locura, por si un día te vuelvo a encontrar, y así puedas reconocer el brillo de los ojos que te vieron como otros no supieron, aunque sea un tenue brillo, enterrado entre toda esta demencia.

Corazón desangrado

Dejé mi corazón allí,
donde te vi por última vez.
Ahí quedó abatido y desangrado,
agonizando con todo ese amor contenido.

No he podido buscarlo,
porque apenas puedo acordarme el camino,
no tengo idea
cómo hacer para regresar.

Fue ese beso,
el más corto de mi vida,
y el más letal…

En ese segundo supe que estaba perdida.
Que ya no habría salida.

No debiste hacerlo,
no debían acercarse tus labios a los míos.

Noche siete

Hoy estoy tan demente o más que ayer. Con una vehemencia que podría enmarañar toda la habitación cual heroína con súper poderes.

Estoy en mi nube de ilusiones luminosas que no saben distinguir lo posible de lo imposible. Lo que en verdad pasó de lo que no. Solo piensan en que las almas que se encuentran deben escuchar sus confesiones, seguir sus impulsos, caminar a lo singular de la vida, darse una oportunidad. Rozar los cuerpos y hablar en silencio con sus voces acalambradas de tanto extraviar las palabras. Entregarse lo que tengan, y amarse.

Confundida. No eres lo que necesito ahora. No te quiero rondando mi mente. Eras lo que necesité en otro momento, ahora… tan solo quisiera alguien que pueda devolverme la cordura.

Dueles

Cómo duele recordarte…
Cómo duele este deseo de tocarte.
Olvidarte… ¿lo quiero?

Aún no lo sé,
pero dueles en la mente, en la piel, en las ganas:
dueles en todo mi ser…

Si te olvido ya no habrá más poesía
porque habré perdido esto, lo que generas,
que me hace escribirte
aunque jamás lo leas.
Estas letras tienen la magia de llevarme
a soñar despierta con tus ojos
y olvidar cuán lejos estás.

Mi corazón late con tanta fuerza
que se quiere abrir todo mi pecho.

Pero luego viene la calma,
que me recuerda que ya mi pecho estuvo expuesto
y fue casi mortal.

Noche ocho

¿Que si te quiero?
Cada uno de los segundos que son devorados por mis insomnios, lo hago.
Aunque me lo niegue, aunque pelee contra ello, aunque no quiera hacerlo.
Cada vez que te pienso y siento este palpitar en mi pecho, es como si creciera el amor más y más, aun a pesar de la angustia…

Porque te quiero con todo lo que tengo en mis
adentros, y te miro como tú mismo desearías mirarte.
Desde adentro, como solo se hace
cuando se pone el alma…

Demencia y delirio

En tus brazos se fue mi vergüenza
y se perdieron parte de mis miedos.

En tu olvido se ha ido parte de mi alma…

En tu piel se envolvió mi cordura y nació mi delirio,
en medio de esas noches de infinita demencia.

Le fui infiel a mi consciencia aceptando besos
de unos labios que no eran míos,
pero que fingían serlo
y manipularon con bajeza mis sentidos,
con aquella frialdad tempestuosa
que me llevó a naufragar,
como, en el mar, un pequeño velero.

Noche nueve

Mis dedos delicados presentan cierta dureza. Creo que ya casi se descaman. Y en este momento ni siquiera sé cuánto tiempo más seguiré escribiendo. Entiendo que lo haré hasta que extirpe hasta el último eco de todos mis sentimientos por ti, y se alivie este tortuoso dolor.

Alucino todo el tiempo, imagino que eres capaz de amarme. Imagino cómo hubiera sido tu vida y la mía caminando en la misma dirección, soñando los mismos sueños, respirando el mismo aliento.

¡Déjame quedarme ahí! En el pequeño espacio que quedó vacío en mi pecho, en la orilla también vacía de tus silencios, en el inmenso anhelo de que me sueñes.

Calmo mis ansias con tu recuerdo y con este deseo de que también me recuerdes.
Quisiera imaginarte pensándome como yo te pienso, al menos por un segundo de esta larga noche.

Recuerdos

Recuerdo tantas cosas de ti,
como ese lunar en tu brazo,
tus pecas y tus ojos café,
tu pelo negro enmarañado,
tus manos toscas y traviesas
tu sonrisa ancha y burlona.

No olvido la ternura de tu voz,
tu forma franca y sincera,
cada uno de tus gestos al hablar.

Recuerdo cosas de ti,
que no sabes que descubrí.

Recuerdo que eras como un niño,
que había calidez en tu mirada.

Recuerdo tu miedo a ser tú,
a dejarte querer y a quererme.

Recuerdo tu vida y la mía entrelazadas,
en unas pasajeras caricias.

Recuerdo mi miedo a perderte,
antes, aun, de tenerte.

Recuerdo esas frases a medias,
la confusión de amarte,
y sentirme tan culpable
por saber que no debía,
que no era seguro arriesgarme.

Recuerdo verte incluso estando dormida,
escuchar tu voz sin que me hablaras
en una frenética escena de locura.

Recuerdo el querer esquivarte,
y darme cuenta de lo difícil que sería
escapar ilesa de ti.

Noche diez

Así como la constancia es la madre de la voluntad, así de soberbio e inquebrantable se ha vuelto mi insomnio. No dejará que descanse ni que olvide, aunque sé que debo hacerlo.

Tu forma intensa de ser, envolviéndome toda, mi olor en tu piel, dos cosas que nos enredaron la vida por días; días que fueron osados, inexplicables e ilógicos. Días perfectos, solo en mi recuerdo...

Esta noche me confieso conmigo. Deseo desentrañar este enigma, el porqué, a pesar de que me heriste, te quiero. No puedo diferenciar cuando me hiciste feliz de cuando me dañaste.

Despistada

Fuiste mi verso más perfecto,
y ahora eres mi tormento más intenso.

Me llevaste a un terreno desconocido y me perdí.

Me lastimaste, pero solo soy capaz de recordar
la felicidad que me provocabas.

No sabía si llorar o buscarte,
si olvidar o esperarte.

Todo de ti era magia para mí.

Hasta cuando empezaste a romperme en pedazos,
me sentía completa.

Nunca sabré si me quisiste o solo fue una ilusión.

Noche once

Son once noches ya. No creí que pudiera soportarlo. Es muy corto el tiempo para el olvido, y triste este mudo adiós…

Ya no sé cómo dejar de doler, pronto estaré en estado agónico, tan vencida, que no podré seguir. Tan perdida, que mi mundo se volverá oscuro

Por suerte aún conservo en la memoria de mi boca, el café de ese beso.

Nulos instintos

Mi piel no entiende el idioma de la distancia
ella sigue sintiéndote cerca.

Tus besos no fueron tantos como para no poder contarlos,
así que los tengo grabados en la memoria de mis labios.

Mi corazón estuvo ciego,
perdido en tiempo y espacio.

Él fue ingenuo,
y no supo que estaría en gran peligro,
preso de una cárcel sin salida…

Noche doce

Este sentimiento se comporta irreverente esta noche, hace caso omiso a mis deseos, no deja espacio al olvido.

Tu arrogancia era la excusa para retirarme, pero mi orgullo la desafiaba. Ambos fuimos peligrosamente mortales, sin embargo, eras más fuerte que yo.

Nunca tuve una estrategia para luchar contra tus demonios. Nunca tuve valor para alejarme de ti. Aun queriendo hacerlo no podía.

Fuiste mi debilidad, el ladrón de mi voluntad, quien despertó a la mujer dormida en mí. Esta noche, creo, me estoy quedando sin palabras. Ahora me aturde la soledad.

Denisse Martínez

De la osadía al insomnio

Era un insomnio de los que muerden,
de los que aturden todas
las moléculas del cuerpo.

Era un osado insomnio,
de los que no tienen piedad:
halaba mis sábanas noche tras noche
para que el frío me congelara,
ponía el reloj a correr lento,
me despellejaba la piel
a sangre fría y con crueldad,
me acalambraba los sentidos.

Yo era sumisa a él
tal como esperaba que fuera.

Un insomnio impuesto,
oculto en mis huesos y mi alma,
manipulador de mis noches solitarias,
indolente de mi tristeza.

Fue tan despiadado que creo
que me lo enviaste como sentencia
por tener la osadía de quererte.

Noche trece

Esta tormenta no pasa. Creo que mañana será huracán porque la indiferencia lastima más que una daga. Sigo en trance de muerte, espero que el final llegue pronto.

Esta noche tengo frío, no me hallo y desvanezco. Otra más de tantas que han pasado y no encuentro el camino para encontrarme. Quizá grite tu nombre en silencio o quizá mejor te sueñe, eso debo decidirlo, mientras cubro los restos de mi piel con tu recuerdo.

He perdido el rumbo y, por más que me busque, no veo posible el volver a mí. Necesito desconectar mi mente para no recordarte, aunque es solo una de las dos cosas que me hacen falta.

¿Cómo desconecto a mi corazón de lo que siente?

Morir lento

Tu desprecio me ha puesto al borde del abismo.
Tu indiferencia limita mis funciones.

Creo que hoy estoy muriendo,
y quiero que mi muerte sea lenta,
que me sirva para que la vida me perdone
por amarte con este descaro.
Que tú me perdones por mirarte
como solo el alma puede ver,
y como tú no necesitabas que te viera.

Estoy en otra dimensión
y veo solo este camino de oscuridad
que me arrebata de a poco la vida.
Estoy muriendo y es mi culpa,
por dejar entrar este amor...

Me desvelo y pienso en qué haré sin ti.

El mundo no tiene color
y mi corazón ha dejado de latir.

No puedo seguir con esta agonía,
ya quiero que pase el letargo
y poner punto al sufrimiento.

Pero muero lento, como tu recuerdo.

Noche catorce

Esta noche no imagino cuántas faltan, pero sigo envuelta en este tornado. No quiero hacer preguntas porque me asustan sus respuestas.

Pero vuelvo a reclamarme, a reprocharle a mi instinto por dudar, si sabe que él nunca se equivoca. Por qué, si tenía las respuestas, me dejó tener fe en lo que nunca sería. Es que esta vez confundí todo. Creí que nuestras almas se enlazaban, que nuestros corazones habían latido al compás de una misma canción. Me equivoqué, y todavía no logro comprender, cómo es que pasó.

Me pregunto si de algo servirá todo el caos que has traído...

Amar sin permiso

Estoy dudando de todo lo que creía que fuimos
de todo lo que significó para mí ese "nosotros".

Podría creerlo todo,
podría mentirme a mí misma, pero
¿para qué?

Podría recordar un poema de amor escrito en el aire,
hasta con letras invisibles
porque cada palabra que mi piel puso en acción
para ti, vive en este agujero negro que has creado.

Y estoy tan perdidamente enamorada,
que podría verte a mi lado en este momento,
aun sabiendo lo lejos que estás.

Podría seguir mirando por la eternidad
esos ojos lindos pero fríos, como de otro planeta,
que aún perturban mi sueño…

Así como no me diste permiso para quererte,
así tampoco pudiste evitarlo…

Noche quince

¿Por qué sigues en llamas corazón? Te he rogado que dejes morir al amor. No puedo seguir debatiendo mi destino noche tras noche contigo. Necesito recuperar mi voluntad. En vez de ayudarme, pones el sentimiento al rojo vivo, y me quema la piel.

El solo sentir cómo te agitas con su recuerdo, perturba mi calma. Se acaba mi pobre lucidez. No tengo la valentía para seguir luchando, para salir del incendio que se expande en mi interior.

Mejor sigo escribiendo otro poema, para que la noche se vuelva más corta.

Corazón, vuelve a latir

Despierta, corazón, otra vez.
Te doy permiso de latir acelerado,
pero no con tanta vehemencia.
No quiero que este amor acabe con nosotros,
quiero que demos pelea.
Sabes que no me merece.

Seguiré intentado aliviar este dolor,
cosiendo las rasgaduras que ha provocado,
poniendo paños fríos a esta febril incoherencia,
quiero que nos olvidemos de morir
quiero que sigas latiendo.

Buscaré las ganas debajo de la cama,
y empezaré a ensamblar las partes que te faltan.

Podremos sobrevivir a este tormento,
y refugiarnos en otras pasiones,
lejos de la tristeza y el desamor.

Noche dieciséis

Sigo sin técnica, pero he descubierto en mí algo de poeta. Ahora solo necesito seguir despierta. Ahora soy yo quien quiere continuar distanciada de la almohada y dejar a un lado la absurda idea de que mi vida está terminando. Quiero escribir, a pesar de mis dedos lastimados, aunque no tenga fuerzas, aunque no tenga vino. Quiero recuperar mi corazón y plasmar todo lo que siento, por si alguna vez se le ocurre exponerse de nuevo y volver a quedar vulnerable ante la persona equivocada, esa que un día dice haber encontrado el cielo a tu lado y al otro solo te recuerda...

Fui de carne y hueso. Fui débil y confié. Fui ingenua por una vez en mi vida y lo hice adrede, sabiendo que me estrellaría en sus abismos. Cerré mis ojos a todo lo que no quería ver y le abrí mi mente a lo que deseaba creer.

Por eso dueles tanto, por eso mi corazón quedó tendido y partido en dos. Por eso no he podido componerlo aún.

Este camino siempre me lleva a tu orilla, siempre me acerca a tu vida, para romper la mía.

Amores que aturden

Era de esos amores que te hacían
descompensar todo el cuerpo.

Sentía taquicardia, escalofríos
y mis rodillas temblaban.

Se ruborizaba mi rostro,
derramaba el café,
al no poder controlar
los movimientos de mis manos.

Me enfermaba de solo pensarlo.

Ese era un amor de los intensos,
de los que aturden,
de los que desvelan el alma,
de los que matan,
de los que se sienten en todo el cuerpo.

Quisiera haber tenido el valor
de decir lo que quería…

Que lo quería a él.

Noche diecisiete

Esta noche pienso en cómo es que se equivocaron al mismo tiempo mi instinto, mi intuición, mi razón y mi corazón. Hicieron un equipo perfecto que se declaró en rebeldía y se orilló directo a un precipicio. Se dejaron persuadir por su mirada hipnótica, por sus trucos seductores.

Déjame sentirte, aunque sea en mis sueños. Déjate tocar con este amor que te busca y no te encuentra, que desespera con tu ausencia, que se muere porque te fuiste sin despedirte. Locura la mía por amarte aún, demencia total por soñar tenerte algún día; ilusa yo, pues volvería a creer en ti mil y una veces más...

Insomnio, deja ya de ensañarte conmigo. Déjame que duerma, necesito soñar…

Perdida en tu abismo

Él pudo dominar mis demonios dentro de su infierno
y hacerme arder en el fuego de su piel,
dispuesta a perderme por completo…

Tuvo el poder de hacerme vulnerable
y tomar el control de mi vida.
Y me volví débil, pero cuán confuso,
porque a la vez me sentí fuerte.

Ahora estoy vacía, perdida.

Quisiera odiarlo, pero no puedo...

Tengo estas cicatrices en el corazón,
que no se borrarán.

Estoy en este abismo.

Las lunas no acaban,
el mundo sigue abierto en dos...

Noche dieciocho

La ansiedad me está matando y no necesito más motivos para querer morir. Este sentimiento es una bala jugando a la ruleta rusa.

Siempre tuve miedo de perderte, aun sabiendo que no te tenía y que la distancia más corta entre nuestros cuerpos eran cientos de kilómetros. Quise protegerte del caos que ocasionan mis miedos cuando estallo y me vuelvo ruinas. Siempre me asustó romperme y no ser capaz de reconstruirme.

Fuiste inevitable. Yo nunca hubiera podido defenderme de ti. Acabé rendida a los pies de tu sonrisa. Necesito respirar sin sentir que te necesito para hacerlo. Debo seguir viviendo, aunque a veces llegue a mi mente tu recuerdo. Solo debo procurar que cuando te recuerde, sea con esa sonrisa cálida y hermosa, tan hermosa, que no he podido encontrar otra igual.

Lluvia

Le pregunté a la lluvia por ti,
pero tampoco te ha visto pasar.

Añora verte otra vez, al igual que yo.

Le pedí a la vida que me diera
un paraguas para buscarte.

La lluvia paró,
y mi paraguas ya no sirvió.

Todo conspira en mi contra,
debo dejarte ir...

Noche diecinueve

Hoy dejaré que el corazón tome el control e intente verter en el papel cada uno de los fragmentos que llevo colgando adentro mío. Dejaré que el apetito por entenderme sea saciado, y que mis manos guíen la pluma a su gusto, por el lienzo… o por mi piel.

Caos

¿Cómo he llegado hasta aquí?

¿Cómo es que me he perdido en esta espera?

Cómo quema este frío.

Cómo habla este dolor.

Cómo duele su desamor.

Cómo hiere su recuerdo.

Este sentimiento es tan violento
como corriente traída por un río embravecido,
que, sin más, no me ha dejado nadar
para salvarme.

El caos, tiene su esencia,
y me sumerge en su recuerdo.

Noche veinte

Estaba perdida, sin más por lo que luchar. Te di todo lo que tenía en mi corazón. Me quedé sin nada y, aun así, no fue suficiente…

Desafortunados los corazones solitarios. Afortunados los que, en el camino, encontraron con acierto compañía. Estoy varada sin poder moverme de esta orilla. Sin poder explicarlo, me encuentro aquí, paralizada con tus recuerdos amarrados a mi pecho en este río de piedras y arena. En este invierno abismalmente frío y gris…

Quiero seguir detenida allí, en el lugar donde fuimos instante. Quiero conservar tu recuerdo, como uno de esos que se guardan en el alma para siempre.

Tatuaje

Ese tatuaje tuyo en mi alma,
lo hice con la mejor de las tintas.

No tenía intención de borrarlo,
quizá nunca la tenga,
porque representa mi mejor victoria,
la que me recuerda lo valiente que soy.

Me arriesgué a pesar de mi cobardía,
de los prejuicios y las miles de dudas,
tantas, que a veces no creo
todo a lo que me atreví.

Luché con uñas y dientes por ti,
por eso decidí tatuarte, tan, tan dentro de mí.

Es que fuiste lo más cerca que estuve
de alcanzar mi mejor sueño,
en ese terreno extraño que es amar.

Ese tatuaje tuyo en mi alma,
merece quedarse por siempre,
suerte que lo hice con buena tinta,
pues no tengo intención de borrarlo.

Ese tatuaje tuyo en mi alma,
me recuerda todo lo que fuiste para mí.

Ese tatuaje tuyo, en mi alma,
aquí se queda, por toda una vida.

Noche veintiuno

Todavía estoy buscándote en mil frases, en mil cosas, en mil recuerdos. Todavía tengo la vista en el piso, todavía camino con el paso lento, por el dolor. Todavía espero que ocurra un milagro. Todavía te recibiría en mi vida.

Más de veinte noches sin dormir. Esperar lo que, a lo mejor, no llegará me está devorando y en este olvido desespero a ratos. Muero lento. ***Voy camino a estar vencida.***

El vacío de mi alma

Pierdo la calma y no logro encontrarte.
¿Dónde se pierde todo?
¿Dónde nada es menos que nada?
¿Cómo es que seguiré alimentando los latidos
de mi corazón, que cada vez son menos?

Tu camino y el mío ya no se cruzan.
Tu destino tiene más páginas que las del mío.

Este vacío sigue ahuecándome,
sigue fragmentando, más y más mi alma desolada,
en tantos silencios que no hay voz
que me devuelva a la vida…

Otra vez pierdo la calma
y no logro encontrarme a mí misma…

Noche veintidós

En estas noches que han transcurrido, he estado atrapada en el recuerdo de tu piel. Entre el saber y no querer aceptar que hay plazos que se cumplen y que hay vidas que se cruzan por componenda del azar, pero que encuentran su final antes siquiera que el amor se presente.

Y es que llegué tarde a tu vida, con unos años más, sin chispa, con menos vida. Se nos había enfriado el café, pero me regalaste tu sonrisa y, por un momento, tu cariño. Aun así, ya era tarde, ya se había detenido el reloj.

Tarde

¿Cómo fue que te quise tanto
y no me di cuenta hasta que fue
demasiado tarde?

Quizá sólo la luna lo sepa.

Si te viera en algún sueño,
te diría que te quedaras, porque sé
que solo allí podrías permanecer.

Aprovecho este breve letargo
en el que cierro los ojos
y puedo mirar tu rostro,
y me sonríes y te sonrío…

Noche veintitrés

Mi alma está abatida, tan llena de neblina que no me deja dilucidar… *nada*.

Ganaron tus ojos, tu sonrisa, inclusive tu arrogancia. La forma en la que me hiciste sentir, fue tan intensa que me dejé ganar. Fue mi propia elección, ahora es mi problema.

No sé cómo, pero estoy tratando de resolverlo, porque me fallo a mí misma al pensarte.

Su mirada

Esos ojos fríos, tan fríos como la Antártida,
en los que no había humanidad.

Esa mirada brusca,
que vencía cual contendor aventajado.

Esas manos aventajadas también,
en el arte de acariciar.

Esos besos despiadados y maliciosos
que se ensañaban con mi boca.

Esas palabras falaces,
que entonaban fantasías desmesuradas,
que serían el inicio del fin de mi presagio.

Esa mirada fría, pero que yo veía cual divinidad,
que no era sincera,
pero yo la disfrazaba entre la mía,
para creer que lo era,
y engañar así a mis emociones.

Noche veinticuatro

Quiero volver a mis noches de calma. A mis usuales seis horas de sueño. A mis momentos normales de juicio y mis serenos reposos. Quiero dar fin a estos insomnios que parecen tomar más fuerza, y noche tras noche batallar con furia contra los amaneceres, porque tan furiosos son, que detienen hasta el reloj, que se deja contemplar por mí, con sus segundos inertes y mudos.

Esta noche promete unos versos. Me está favoreciendo la compañía de la soledad.

Alma rota

Me sentí abatida y sin voluntad,
miserable y lánguida,
con la muerte pintada en el rostro,
tan maquillado y sonriente
que fue capaz de engañar a todos
a mi alrededor, como si no estuviera
muriendo en vida.

Tu mundo en mi mundo fue el caos…

¿Cómo es que creí que podía
sujetarte a mi vida y cambiarte,
si no puedo sostenerme yo misma?

Noche veinticinco

Es difícil tener un corazón de cristal y verlo romperse tan milimétricamente que no llegues siquiera a vislumbrar los pedazos.

Como quisiera poder entender los sentimientos y sus misterios, los equívocos del corazón, su irracionalidad. Como quisiera poder desmaquillar tu alma, ver qué hay en ella. Cada vez que lo intento, vuelvo a fracasar pues toda pregunta sucumbe a tus silencios.

Un loco amor

No pude nunca, y jamás podré
escuchar los latidos de tu corazón
sin que se detenga el mío.

No pude escuchar tu voz
sin perder la razón.

Y ahora, he aquí el amor de mi verano,
mi ilusión desgastada,
por quien perdí la piel
y se hicieron cenizas mis huesos;
lo que quise que fuera y no fue,
mi mayor locura.

Deseé tanto que fuera el amor de mi vida,
que me lo terminé creyendo…
pero los pensamientos se los lleva el viento
y los sentimientos el tiempo.

Fue solo un absurdo,
él, un tinte de color a mi gris soledad,
yo, un cuerpo más en sus noches de aventura.

Las lágrimas se entremezclan con mi risa,
la demencia me va tomando poco a poco
y estoy segura de que cuando esto termine
ni siquiera habrá un atisbo de la chica
tierna y sensata que alguna vez conocí.

Noche veintiséis

Esta noche me confunde, se ha ensañado conmigo. En medio de la oscuridad le pregunto: ¿por qué me dejas seguir autodestruyéndome?, ¿por qué mejor no me animas a dormir y dejas que encuentre nuevas armas para acabar con mis dudas y mi miedo a la realidad?

¿Será que tienes miedo de dejarme soñar con mi delirio y que ya no quiera despertar más?

Versos de mi alma

¿Cómo es que voy a callar el alma?

Esa, que alucina con volver a sentirte cerca,
tan cerca que se queme mi piel con tu roce,
y se detone mi deseo ante tu aliento.

¿Cómo despertar de ese sueño en el que estaba,
donde abrazabas cada segmento de mi cuerpo,
donde rasgabas mis labios con tus besos,
donde hacías lo efímero eterno?

Noche veintisiete

Noche tras noche deambulo, intento hallarme, pero no puedo. Me hago luz y luego oscuridad. Me reinicio, luego claudico. Me apago, entonces.

Es ese breve espacio, en que me quedo en total inercia, no hay siquiera amenazas. ***Solo este mortal silencio.***

Frío

Quererte con ese invierno que llevas dentro,
con todos tus demonios,
es mi sentencia.

Y tus silencios que no hablan…
rodeada de ellos, hasta yo he enmudecido.

Pero aún estoy aquí, amando tus rarezas,
tus desatinos, tu forma extraña de sentir,
enviciada con tu soberbia.

Siento la frialdad de tus emociones
y, aun así, mi corazón arde…

Noche veintiocho

Tendida, incoherente, sangrando. Esta tormenta que no cesa. Y la vida sigue pasando lenta, mi presente detenido, lleno de preguntas sin respuestas, dejando escapar la ilusión.

Como no puedo hablarte, me hablo a mí misma de la manera en que quisiera hacerlo contigo. Porque entre nosotros solo puede haber estos largos silencios, desde siempre frívolos, que no tendrán fin.

Quiero morir, pero a la vez no. Es ambiguo. En el fondo no es verdad. Lo que realmente quiero es tener fuerzas y superar esa oscuridad que me arrastra al infierno, y volver a la luz. Sin embargo, el desierto se acrecienta a cada segundo y un millón de cactus crecen dentro de mí, espinando mis órganos, demoliendo mi alma, así… como lo hiciste tú.

Una noche más que se suma a la de ayer y será otra más mañana. Siento frío, siento miedo y soledad. Toda esta ansiedad. Y un profundo vacío que no puedo explicar.

Recordar tu recuerdo

Un gélido abismo,
que arropó los sentimientos
y los hizo ruinas, es lo que queda.

Una constante nota en mis oídos
desconcentra mis sentidos.

Un suspiro de apego
que no se quiere soltar de mi pecho.

El recuerdo de tus ojos,
a los que no puedo dejar de adorar, porque me miraron
como solo ellos podrían.

El recuerdo de esa mirada
está guardado en todos mis espacios,
por si llega el olvido, *poder conservarlo*,
aunque sea tenue
en algún rincón.

Hay quienes se cuelan en nuestras vidas
y se instalan allí una eternidad.

Noche veintinueve

Es insustancial torturarme una noche más. Lo sé, no puedo evitar saberlo, pues, después de algún tiempo, esta noche me visita mi razón. Pero también tengo a mi principal enemigo aquí, ***mi desventajado y confiado corazón***, que no quiere despertar de su letargo. Está en un completo trance.

Mientras discuten ambos, yo estoy en medio, viendo pasar una y otra noche en completo desvelo. Observando perdida cómo se me pasa la vida, mientras, yo, inmóvil, la dejo escapar.

Efecto mariposa

Tiene la capacidad de hacer que brillen mis ojos.

También los aniquila,
cuando se vuelve tan desconcertante,
tan caóticamente peligroso,
que atenta contra todo lo que me compone.

Algo así como el efecto mariposa:
cuando en un plano me sonríe
y nos convertimos en primavera,
en el otro su boca dispara una mueca.
Esa variable tan, pero tan pequeña,
acaba con mi perfecta calma,
mi ordenado mundo,
mi cuadrada mente,
con mi todo.

Se vuelve el total caos…

Noche treinta

Cuando el corazón sangra como esta noche, no hay forma de transfundirlo. No hay quien pueda ayudarlo para que no muera desangrado. No hay cura para este mal.

He dejado insaciable mi llanto, porque lo he acostumbrado a llorarte noche tras noche. Porque, así como tengo la absoluta certeza de que a nadie amé ni amaré como a ti, también sé que jamás seremos.

Una noche más, en la que el amor y la razón no logran llegar a un acuerdo. Ojalá alguien sacara la bandera blanca en esta guerra…

Dolor

Pude entender que el dolor
es quien pone a funcionar el corazón.

La alegría lo desquicia,
lo hace ciego, lo vuelve sordo,
lo enmudece, lo convierte en nada. Lo envilece…

Necesité sentir dolor
para recuperar los latidos de mi pecho.

Necesité que me dolieras,
para aprender a ablandar mi corazón, para atenuarlo,
para escucharlo.

Noche treinta y uno

Siempre tuve miedo de que te fueras sin decirme nada. Eso me paralizó mil veces. Hoy es mi miedo hecho realidad.

Siempre temí que tener tu amor no fuera algo racionalmente posible, pero adoré esa magia que tenías y que a la vez contagiaste en mí. Esa magia que le dio luz a mi vida otra vez.

Todos los plazos se cumplen y este ha llegado a su fecha. Solo he aplazado el aceptarlo, como si eso fuera a hacer menos lacerante el momento, pero lo único que logro es alargar estas noches de desvelo.

Buscando lo inexistente

Me hubiera conformado con una parte de ti,
pero no pudiste ofrecerme nada.
Era demasiado pedir
a quien estaba vacío.

Quería abrazar tu alma,
sentir el latido de tu corazón
junto al mío.

No me di cuenta de que eras la vacuidad misma,
aun así insistí…
caminé por cada uno de tus límites,
buscando lo que se suponía que debía haber.

Sigues siendo un misterio,
¿cómo es que puedes seguir viviendo
a sabiendas de que me rompiste en mil pedazos?

Noche treinta y dos

Cómo es que algo sin sentido me ha alejado de la cordura. Mi mente está en otra dimensión, porque está arropada con pensamientos que no se corresponden con esta realidad.

No me perdono este amor, si es que puedo llamarle así, que siento por ti, que aprieta mi garganta y la asfixia. Que escalda mi piel y mi alma. Que me hace sentir como nada. ***Que me deja en llamas, en medio de este desierto que es tu ausencia.*** Que me hace sentir más mortal que el resto de los mortales.

Y me hundo día a día en este abismo y otra vez me devora la angustia, que parece no tener fin.

La penumbra de mis noches me secuestra, me deja presa de tu cárcel de silencios.

Mi intención no era sincera

En mis días de cordura
traté de alejarme de ti
tantas, pero tantas veces
como noches de desvelo llevo.

Quise no hablarte otra vez,
quise alejarme de tu rumbo.

Pero mi intención no era sincera,
era débil mi razón,
no tenía el mínimo valor para hacerlo.

Hubiera apostado todo
por quedarme alimentando
mis ganas, antes dormidas,
con tus palabras, aunque fueran frías.

Noche treinta y tres

Te hubiera buscado mil veces más de haber sido posible. Hubiese puesto el mundo de cabeza, solo para encontrarte. Este es el precio que pago por no seguir mis instintos, que me susurraban a cada segundo, con una constancia enfermiza, que era hora de irme. Porque al final, de todos modos, te irías, pero yo solo te habría perdido a ti, y no también a mí misma.

Y te dije ese día, como si tuviese una premonición, "cuando vuelva a verte quiero que me des un último abrazo". Me dijiste, "¿quién de los dos morirá, serás tú o seré yo?". Suerte que me lo diste, porque no haría falta que muriera ninguno. La distancia sola se encargó, con sus desgarradores silencios y mil mares atravesados entre los días y las noches, de que fuera el último. Allí, solo quedó un inoportuno, pero impetuoso olvido.

Ebria de ti

Copa a copa me embriaga tu recuerdo.

Trago a trago se apagan mis penas en estas paredes.
He aprendido a desteñir las noches:
las llevo del negro al gris
porque me da miedo que sean tan oscuras.

Las hago más claras porque así oculto
mis más grandes temores.

Tu distancia hizo más cercanos mis miedos.

Intento empapelar estos muros,
que me acompañan cada noche, con tu rostro.

Aunque sé que no debería, es mi manera
de robarle segundos al olvido.

Noche treinta y cuatro

Siempre confié en ti, no te juzgué y te adoré, sin saber que desde el principio estuve excluida de la historia. Solo fue un espejismo en mi mente, que acabó de ese modo que aún perturba cada una de mis noches.

No más sueños tontos, no más sufrir, es todo lo que quiero.

Corazón vacío

Fuiste un oasis en medio de este desierto
en el que ahora desfallezco.

A veces somos demasiado,
y no cabemos en corazones desechables.

Duele que tu corazón fuera así,
solo un órgano más en tu cuerpo.

Vacío, solo músculo y sangre.

Sin amor para dar.

Noche treinta y cinco

Acostarme cada noche a dar vueltas en mi cama ha sido mi rutina estas semanas. Me he perdido en mis pensamientos.

Si mi angustia pasa y esta incongruencia entre la locura y la lucidez tiene retorno, me aseguraré de solo guardar lo bueno que dejaste que viera en ti. Borraré tus últimas palabras de mi mente, esas que hacen coro noche tras noche y lastiman lo más profundo de mi ser. No quiero quedarme sumergida en aquella frase, no quiero creérmela. Yo no soy lo que acostumbras a ver. No soy más de lo mismo. Puede que mi problema, y a la vez mi virtud, sea que no me parezco a nadie más. ***Solo soy yo.***

Musa de mis letras

Llegaste con la música de la mañana
para callar los ruidos de mi silencio,
para llenar los vacíos de mi corazón encerrado.

Llenaste un pequeño espacio dentro de mí,
que luego se volvió más grande.

Me arropaste con toda esa magia,
que se quedó aquí, en mi interior
y ahora me hace escribir,
no para mí, ni para ti, ni para nosotros,
sino para que otros inspiren sus pasiones.

Noche treinta y seis

Cada noche me atormenta esta realidad, que no me deja dormir como antes. Pero resulta paradójico que el dolor nos vuelve más humanos y nos lleva a crecer y a cambiar para bien. Nos saca de nuestra zona de confort para llevarnos a mejores destinos…

Estoy tratando de seguir, porque sé que no debo detenerme antes del final, y este no es el final. Solo debo poner en control mis emociones y dirigirme a la puerta que me lleve a la vida plena que deseo vivir desde ahora y para siempre.

Utopía

Que nada eclipse mis días
ni mis noches.

Que, aunque te ame,
no sucumba por no tenerte.

Que, aunque llueva, no me moje.

Que, aunque me apague, no me pierda.

Que se borren de mi mente tus miradas.

Que esta sea solo una breve pausa al amor…

Noche treinta y siete

Son ya tantas noches que empiezo a perder las fuerzas. Pierdo también la poca calma que aún me queda.

Guardo en mí este recuerdo, lo abrazo y me aferro a él todo lo que puedo. Me resisto a dejar de sentir todo esto que avivas en mí, pero, a la vez, estoy muriendo a cada segundo por ti.

Noche larga esta, la que me arropa otra vez, con nuevas ansiedades.

Cuando faltas

Cuando el cielo me mira como hoy,
siento el latir de mi corazón
en cada uno de los fragmentos de mi ser.

Cuando el silencio se calla, como ahora,
no puedo lograr que mi voz lo sacuda,
que me diga lo que quisiera escuchar.

Cuando no te hallo en mis pensamientos
la angustia comienza a asfixiarme.

Cuando, definitivamente, desapareces,
soy solo un alma en tinieblas,
presa de un olvido sin respuesta.

Noche treinta y ocho

Dicen que cuando sueñas con alguien es porque esa persona te extraña. Por eso quiero salir de este insomnio. Quiero soñarte para alimentar la ilusión de que me extrañas, aunque sea una vez.

Esta noche soy bruma, deseos perdidos, ansias de mirarte de frente, espinas clavadas en mi columna vertebral, y confieso que el culpable eres tú.

Me arruinas hasta la posibilidad de soñarte.

Anhelarte

Sueño que no soñarte sería conveniente.

Sueño que debo dejar de soñar con soñarte.

Que no hay remedio…

Que, aunque te sueñe, no voy a verte.

Que hasta de mis sueños estás muy lejos…

Podría no soñar con soñarte más,
y eso arruinaría los pocos sueños que tengo.

Podría, quizás, en vez de eso,
soñarte en dosis breves,
despacio, para que dures
hasta el fin de los tiempos.

Noche treinta y nueve

Siento cómo la tristeza oprime el retazo de alma que cuelga de mí y cómo la ansiedad me sigue sumergiendo en aguas profundas.

El desasosiego retumba en mis oídos, se viste con las palabras que no dijiste, las que decidiste enterrar en el fondo del jardín, que al germinar fueron malezas y se comieron mis pequeños brotes nativos –esos que yo era, los que llevaba cuidando toda una vida–. Tu recuerdo es la condena de mis noches, sigue viniendo a mí, vagando por mi cuerpo, rompiendo mis esquemas, es como si fuese un imán y yo, el campo magnético que no quiere alejarlo.

No me queda más remedio que escribirte otra vez, porque en toda esta locura que me invade, te adhieres a mi alma como camisa de fuerza. Aun en tu silencio, trato de escucharte y no puedo.

No importa que nunca lo leas.

En llamas

Estoy inmersa en el abismo del olvido
de tu mortal indiferencia…

No quiero solo anestesiar mis penas,
quiero borrarlas.

Te encuentro, aunque no te busque,
en mil canciones, en mis libros,
en mis días de nostalgia.

Sabías que me quemaría
y me dejaste jugar con fuego...

Sabes que ganaste y me dejaste en llamas.

Después de ti, todo mi mundo cambió.

Noche cuarenta

Me mantengo en vela. La ardua tarea que yo misma me impuse, la de olvidarte, se está convirtiendo en un trámite casi imposible, ni en los leves momentos de ensueño logro expropiarte de mis retinas. Intentar olvidar es inútil, es esa ironía que todos tememos y es real: cuanto más queremos olvidar, más fuerte se arraiga el recuerdo y hoy tu voz quema en cada recoveco de mi memoria.

La desazón de sentirte tanto duele en cada parte de mi alma, y te juro que no sé qué hacer para sacarlo.

Déjame dormir, insomnio. ¿Es que no te cansas? Déjame que pueda soñarlo solo esta noche, ***no pido más.***

Amor a ciegas

Pude haberte creído lo inimaginable,
porque mi imaginación es fantasiosa,
y también estaba inundada de ti.

Es que hiciste que mi corazón
estuviera confundido
y latiendo acelerado
por aquello que creí que *era amor*...

Noche cuarenta y uno

Esta batalla me está ganando la vida en cada insomnio. Y sigo aquí entre la estupidez y la insensatez. No sabes cuánto quiero que pasen estos días de tristeza implacable.

Irreal es quererte, porque nunca tuve la certeza de tu cariño. Tengo esta mezcla de incertidumbre y confusión por momentos, de amor en mi pecho y desamor en mi mente.

Me diste mil motivos para no buscarte, y yo aún seguía convencida de que te necesitaba en mi vida. No quería dejarte ir, pero ni con mil cadenas te sujetaría, porque nunca fuiste ni serías mío. Pero, sobre todo, nunca sentiste lo mismo por mí que yo por ti. Era un absurdo seguir aferrándome a ti.

Un corazón dividido

Tu corazón, dividido,
en varias partes
o quizás en ninguna,
y yo con el mío tendido a tus pies
a plena media noche.

Tu parte buena, incoherente,
y la otra tan solo perdida en tu orgullo.

Nunca hubiera podido tocar la una ni la otra,
pero cómo hubiera dado parte de mi ser
por hacerlo solo un segundo
y detenerme en él un momento,
en cámara lenta.

Noche cuarenta y dos

Siento que una parte de mí se fue contigo. Sí, esa parte que redescubriste porque yo la había ignorado. Todo este tiempo la he estado buscando porque la quiero de vuelta. Es eso que llamamos emociones. ***Sí, porque antes de ti, vivía sin vivir.***

Mis ganas hicieron una revolución gracias a ti, por eso, cuando te fuiste, sentí como si ellas también se hubieran ido.

Fantasías

Siento que te respiro cada noche,
que me hablas con el pensamiento,
que tú respiras mi aroma también.

Quisiera creer que cuando siento
palpitar mi corazón tan rápido,
como si quisiera salirse de mi pecho,
es porque tu mente me está imaginando
viva
risueña
traviesa
indómita.

Quiero creer que me recuerdas.

Quiero seguir creyendo que vivo en cada parte de ti,
así como tú habitas todo mi cuerpo…

Noche cuarenta y tres

Fui débil y sucumbí a esta sacudida sin sentido. Me rompí y estoy recogiendo mis pedazos, ahora un poquito más fuertes, para volver a juntarlos.

Necesité este corazón destrozado para caer en un abismo del que no tengo idea cuándo saldré, pero que ha inspirado a mi alma a escribirte lo que siente, porque le pesa y necesita soltarlo. Y pienso en ***cómo es que pasaste de no importarme a ser mi gran amor. Cómo terminaste siendo el motivo de este fuego que hace arder todo mi ser y que invadió sin piedad mis noches.***

Este roce pausado que han tenido el insomnio y mi alma me ha estado matando, pero me lleva a arropar el papel con estas letras que salen de lo más profundo.

Te guardaré en el alma

Nunca podré alejarme de ti,
nunca lograré que mi corazón niegue al tuyo...

Si no te nombro es simplemente
porque mi voz está tan gastada,
que no alcanza a dibujar las letras que te componen.

Llorará mi alma por siempre
porque no alcanzará a alcanzar el olvido...

No habrá olvido, solo calma.

Y aquí en mi alma seguirá por siempre
ese desacierto de no tenerte.

Noche cuarenta y cuatro

Más silencios en esta noche, y con cada silencio tuyo, yo muero. Las preguntas sin respuesta siguen torturando mi mente. Es mucha la ansiedad en mí, **y no creo que la valgas.**

Pero me empeño en recordar esos ojos café, que ya no me miran, y que me atan a su recuerdo sin clemencia. Los que solo tuve un instante, pero, aun así, no me quejo, porque hasta hoy ha sido el mejor de mi vida.

Silencios

Tu olvido retumba aquí donde no hay ruido,
y es tan sonoro que vulnera mis oídos
y me hace ser presa de la desolación.

No hay más calma,
solo este inmenso vacío.

Necesito el sosiego,
ese que podría salvarme la vida
justo cuando estoy al borde del abismo.

Esta vez, tus silencios son despiadados,
y no tienen compasión de mis penas,
de mi amor...

Has eclipsado a esta mujer,
pero a la vez la has llenado de tanta locura,
que pareciera una vil copia de tu demencia.

Noche cuarenta y cinco

Muchas vidas se entrelazan y otras son separadas por un destino que a veces no comprendes. En cada desencuentro hay lágrimas y heridas que quieren ahogar los sentidos y hacen que tengas que expresar los sentimientos de alguna manera para no hundirte. En ese momento surgen las palabras desde lo más profundo del alma, y no te puedes negar a escucharlas…

Aquí me encuentro, escribiéndolas a pesar de que me hacen sangrar los dedos sobre el papel. Es en esta tristeza en la cual me hundo, a pesar de haberme negado por tanto tiempo, porque quema más de lo que creía poder soportar. Ahora veo que en realidad sí he podido, y que escribir en estas noches me ha ayudado a calmar de a poquito tanto dolor.

Aunque ese sentimiento sigue preso en mi interior, sé que debo empezar a buscar la llave para liberarlo. ***Debo dejar que se vaya, porque no puedo seguir reteniéndolo, porque en ti estuve lo más perdida de mí que he estado en toda mi vida, sumergida entre la confusión y la ansiedad.***

Cárcel para un corazón

Y fueron justo tus rarezas,
tus sinsentidos, todo lo extraño que tenías,
lo que me acercó a ti.

Tu desamor me hizo quererte y perderme,
para ya no saber cómo encontrarme.

Fueron mis dudas, centinelas,
fueron mis miedos tus aliados
en esta guerra que acabó
sin siquiera iniciar una batalla.

Quedamos prisioneros,
mi corazón y yo,
en esta cárcel donde nos encerraste
con tu estudiada estrategia.

Aun así, me quedé inmóvil,
no hice nada para evitarlo.

Es que yo no quería evitarlo.

Noche cuarenta y seis

Y tomé mi copa. Hice un cóctel con los estragos que me dejó aquel amor fugaz. Bebí tanto, me embriagué de ellos de tal manera, que no supe dominarlos después. Quedé tendida, con la resaca y el mareo de la mañana, sin saber qué había pasado aquella noche. Yací desorientada, y el miedo a olvidarte hacía orificios en mi piel, me rompía. Porque una cosa era saber que debía olvidarte y otra, era hacerlo.

No sé qué es lo peor si tu partida o tu indiferencia. Me faltó el adiós, un lo siento, quizás un último beso para sentirme menos abatida.

Incoherente

Mi sueño fue tan corto
como aquel beso con el que me perdí.

Mi mundo se paralizó un instante
y mi desesperanza no encontró límites.

Me arropó una gran tristeza,
que venía desmoronando, a paso lento y decidido,
los pocos anhelos de mi alma ya en ruinas.

No esperaba nada de ti,
pero a la vez quería todo.

Era un torbellino ese sentimiento,
y arrasaba con mi poca coherencia.

Noche cuarenta y siete

Quisiera tener una mente vacía, llena de nada, para así tener la certeza de no conectar más con tu recuerdo. Quiero que pasen estas noches de llovizna, quiero fingir que no me dueles, quiero dormir con la tranquilidad de saber que no habrá motivo de desvelo y despertar con mi sonrisa por la mañana. Tomar café sin extrañarte, amarme otra vez y componer lo que se rompió en mi interior. Volver a organizar la vida que desorganizaste.

Tal vez mañana lo haga, tal vez me tome ese tiempo. Tal vez ahora pueda empalmar los fragmentos de mi corazón.

Bajo la luna

Estoy aturdida en la intensidad de mis noches
batallando con mis emociones,
tratando de esquivarlas y, si puedo, derrotarlas.

No sé si he avanzado,
pero me va gustando este caminar solitario
bajo la luna que me cautiva.

Noche cuarenta y ocho

No puedo callar mi propia voz. No puedo impedir a mis dedos escribir. No podría dejar de decir lo que siento. Sería presa del silencio contra mi propia voluntad. Dejaría de ser la mujer que soy para no ser nadie. Ya no quiero seguir escondiéndome, no quiero seguir dejando de lado este sentir que se asfixia en mi interior. Necesito sacarlo de mí y desintoxicarme.

Si te duele, escríbelo, leí una vez. De a ratos me dueles. Por suerte aún queda algo de tinta para escribir un poco más.

Historia a medias

Hay historias que no conocen de principios,
como la tuya y la mía.

Siempre quise ser el delirio de tu corazón
y no el objeto de tus deseos;
alguien que inspirara
cada uno de tus pensamientos.

Por quien suspiraras en cada puesta de sol.

Ser todo o nada…

Porque a medias nada es suficiente
y estas ansias de sentirnos nuestros
morirán entre mis dedos.

Noche cuarenta y nueve

Me siento dentro de un laberinto, sin salida, agotada, con la boca seca de tanto aferrarme a unos besos que jamás fueron pensados para estos labios. Cada noche es más larga que la anterior, y lo peor es que aún quedan lágrimas en estos ojos que están sentenciados a no volver a verte.

Este dolor no termina de pasar.

Interminable agonía

Mi vida aquí, mi mente allá...

Sumergida en mis desasosiegos.
Mi mundo en tu mundo,
pero sin poder entenderlo.
La histeria se calla, matiza el silencio…
La noche sigue en calma,
a paso lento, a cuenta gotas.
Mis ojos inquietos
se quieren cerrar,
pero es más fuerte el insomnio.

Tu recuerdo en mi mente,
de este modo irracional,
hace acuerdos indebidos
con esta interminable agonía.

Noche cincuenta

No esperaba mucho, pero cuando me di cuenta de que no iba a recibir nada, supe que estaba soñando con algo inexistente. Porque, ¿qué podría darme alguien insensible, con el pecho vacío, sin alma...?

Eras tú el que no merecía mi amor. Eres tú quien no merece estar presente en cada uno de mis latidos, alargando las horas, consumiendo mi cordura. Eres tú al que jamás debí dejar entrar.

Lejos

Y me vi perdida, caminando por ese trecho
que no conducía a ningún lugar.

Pensé que llegaría a ti,
que estaba muy cerca
pero mis pies seguían lastimándose
de tanto andar y andar.

En realidad, todo este tiempo
estuve dando vueltas en círculo
y cada vez más lejos de ti,
y mucho, pero mucho, más de mí.

Noche cincuenta y uno

Jamás sentí un miedo tan atroz como el que sentí al saber que no te tendría. Nunca antes viví de esta manera tan absurda, viendo cosas donde no existían e ignorando las señales que se me presentaban. Ese fue un tiempo de incomprensible caos, más que estéril.

Fue cuando me perdí a mí misma, porque sí, esa no era yo. Soy mucho más que toda esta inconsistencia de tener tu recuerdo amarrado a mi alma. ***Y sentí que definitivamente había atravesado el mayor miedo de mi vida*** al distanciarme de mí misma, al fallarle a mis instintos, que, a diferencia de mí, no se deslumbraron con una ilusión.

Falsa intuición

El corazón aún sangra… y falla.
Va muy lento, intenta descansar.

Amé cada roce con tu piel,
por ínfimo que fuera.
Vibré por la cercanía, y a pesar de los centímetros.
Te sentí como si te conociera desde siempre.

Ansié no equivocarme y fallé en el intento.

*Los amores no correspondidos dejan llagas
difíciles de sanar.*

Noche cincuenta y dos

Hoy siento cansancio. Creo que lograré conciliar unas horas de sueño. Me siento como si hubiese vuelto a mí otra vez.

He expuesto demasiado mi alma durante todas estas noches: en algunas el frío la ha abrasado y en la mayoría, la ha arropado la angustia.

Tu indiferencia ha empezado a hablarme. Me ha dicho de la forma más clara que no le importo.

Tal vez, deba darle una tregua al dolor y resignarme a no tenerte.

Letargo

Mis pasos torpes están perdidos sin ti.

Mis besos deambulan, buscando tu boca.

La noche silenciosa anhela sonidos.

Los días son largos y, sin embargo,
tiempo es lo que me falta.

Mis manos vacías, sin poder llenarse de ti.

Cansados el cuerpo y la mente,
de depender de quererte
durante este letargo que arropa mi vida.

El futuro susurra que debo seguir,
y volver otra vez a mí, para reencontrarme,
y a la magia de teñir mis sueños
con nuevas ilusiones y nuevos amores.

Noche cincuenta y tres

Esta noche la certeza de que fuiste inevitable me ha encontrado, tu breve paso por mi vida era necesario y ocurrió en el momento preciso. Sé también que yo sola no hubiera podido alejarme. ***Gracias por hacerlo más fácil.***

Inalterable recuerdo

Esos ojos hermosos,
pero fríos, como de otro planeta,
aún perturban mi sueño.

No te fuiste, sigues aquí,
justo en el centro de mi corazón.

Sostengo tu recuerdo,
con una cuerda invulnerable,
para que el olvido
no llegue a romperla.

Noche cincuenta y cuatro

Hay días, como hoy, en que no me dueles tanto. Estoy bien despierta y aunque todavía mantengo un poco de locura, es solo la necesaria. No hay reclamos, no hay rencores. ***Sin omitir toda mi torpeza en el amor, sé que te amé con toda mi alma.***

Todavía lo hago, no veo final para este sentimiento; pero te pienso en calma, bonito. Te recuerdo con una sonrisa. Así será toda la vida.

Calma

Calma, que, aunque este amor no se esfumó
con todo este temporal arrasador,
nuestras tormentas no se encontrarán más.

No hay ni habrá un destino juntos,
no habrá coincidencias en nuestros mundos,
solo este cálido recuerdo en mi interior.

Fuiste y serás mi amor, un amor accidentado,
un amor que prendió en llamas todo mi ser,
que irrumpió con violencia.

Solo dame el permiso de quererte en silencio,
de recordarte de a ratos, de hablarte sin palabras.

Solo deja que la ilusión de que me quisiste
exista en mis fantasías.

Noche cincuenta y cinco

Fue su forma extraña de ser la que me cambió y me trajo aquí. Él me puso en el punto exacto en donde comencé a transitar el camino hacia la mujer que soy hoy. Esa que se siente libre de expresar lo que siente.

A veces ya no me importa el final, porque le debo un lindo recorrido, que me llenó de nuevos sueños. Ahora solo te añoro a gotas, después de haber llorado a mares...

Mi sonrisa

Justo en el momento
en que llegas a mi mente
una expresión de alegría
se pinta en mis labios,
y aunque de a ratos me dueles,
te recuerdo con una gran sonrisa,
esa que renació ante ti.

Serena se estaciona mi alma
a la orilla de este nuevo camino,
a la sombra de este samán.

Noche cincuenta y seis

Mientras pasan más y más noches, va cambiando hasta mi forma de pensarte. Hoy en este papel quiero decirte que **contigo creí perder mi camino, pero solo me encontré a mí misma de nuevo.** Por un momento quise no tener que ser la fuerte y depender de alguien más. Quise refugiarme en ti y así no tener más miedo, estar segura contigo.

Mis noches de insomnio han convertido en roca mis debilidades y en ríos mis sequías. **He aprendido a aceptar mis rarezas, mis inseguridades, mis angustias, mis temores, mis imperfecciones centímetro a centímetro, mis tempestades, que cuando llegan arrasan hasta con la orilla.**

Alegoría a las almas sin destino

Hay locuras que te encierran
en ese mudo mundo de silencios
que traen los desamores.

Hay melodías que se escuchan bajas,
en los oídos sordos
por los gritos del corazón herido
de aquellas almas sin destino.

Hay espíritus rotos que se contentan
con las migajas de consuelo
que regalan los recuerdos.

Verdaderos y temibles vacíos
que dejan las historias a medias.

Esas que nunca iniciaron…

Las que no estaban destinadas a ser.

Las que nunca estuvieron amarradas
con el hilo rojo del destino.

Noche cincuenta y siete

Sé que no vendrás, sé que no escucharé tu voz otra vez, sé que no veré tu rostro más que en mi memoria, porque así de rápido como te vi ese último día, dejé de existir para ti.

En verdad no te he perdido, porque nunca fuiste mío. Es que solo te tuve en la debilidad de mis deseos y en la fantasía de mis sueños; pero, aun así, quiero seguir teniendo ese desacertado recuerdo.

Quiero pensarte esta vez y quizás otras más. Quiero que te reflejes en la luna que cubre esta noche.

Tú, un gran enigma

Y pude perder mil veces mi orgullo;
y pude rogar que me regalaras
un poco de tu pasión desmedida.

Y pude haberme arrodillado
otros cientos de veces más
y ser servil de tus anhelos,
indecentes y desmesurados;
pero, aun con todo esto, no lograría
que me entregaras tu corazón.

No había forma de saberlo,
esa parte tuya, era un enigma.

Noche cincuenta y ocho

Si te encontrara alguna vez, te diría que después de que te fuiste la ansiedad fue desapareciendo, porque la respuesta a si estarías en mi futuro llegó. Era la que siempre temí, la que siempre me paralizó. No sé por qué el destino es tan incierto. Tengo aún algo de insomnio, pero no más incertidumbre.

El cansancio me vence de a ratos y debo retroceder ante el sentido de tus razones para alejarte. Sí, porque ahora puedo entender cuánto sentido tiene tu lejanía.

Aunque me destrocé muchas veces el pensamiento con tantas dudas, debo agradecerte por callar las palabras que, sabías, me lastimarían en ese momento, incluso más que tu silencio. ***Es que ahora sé que no eres como te soñaba, como te pensaba, como te creía***; recién ahora puedo entenderlo. A pesar de ello, debo reconocer que me enseñaste a ver el mundo con otros ojos. Unos menos ingenuos.

Libre

Me embelesó otra vez la vida.
Dejé parte de mi equipaje atrás.
Aligeré mi carga al soltar tu recuerdo
y recogí los pedazos rotos de mi corazón.
Los voy a unir con coraje,
volveré a estar completa
sin esperar que me quieras,
por fin libre, de las ganas de ti.

Noche cincuenta y nueve

En esta noche aún queda un poco de ti y una que otra llovizna en mis ojos. Creí que lloraría solo tres noches como aquel poema que leí, pero las superé con múltiplos. Las he pasado en silencio, me he tragado los sonidos y solo he mojado mi almohada con todas esas lágrimas que me ahogaron tantas veces.

Te puedo decir que cuando te amé, volví a amarme como hace tiempo no lo hacía. No necesitaré odiarte nunca. Amaré tu recuerdo por siempre.

Yo era un alma apagada que encendiste. Debo reconocer que has valido mis desvelos, porque tu locura, tus ganas de vivir, de cumplir tus sueños, de tragarte el mundo, despertaron en mí nuevos anhelos.

Te regalo mis deseos

Ojalá estés feliz. Ojalá ni te enteres
cómo es que hice para recoger los trozos
de mi corazón.

Ojalá ni busques mi sonrisa en el ayer.

Ojalá pueda lograr que algún día
mis dedos ya no te escriban.

Ojalá no haya coincidencias.

Ojalá no nos crucemos nunca,
porque yo me perdería.

Ojalá que, si nos encontramos,
sea solo en mis sueños…

Ojalá tu recuerdo se haga viejo.

Ojalá llegara el olvido.

Ojalá se acabe esta nostalgia.

Ojalá no haya un ojalá en tus pensamientos,
que quiera encontrarse con el mío.

Ojalá si llego a estar ahí, en tu mente,
que sea como estas tú en la mía,
así, como un inolvidable y bonito recuerdo.

Noche sesenta

No sé si es mi último insomnio, pero presiento que queda poco de este desvelo que me ha parecido eterno. Mis ojos están extraños. Son extravagantes mis pensamientos, aunque ya tienen menos de ese frenesí que me arropó todo este tiempo. Creo que estoy menos extasiada, que estoy entrando en razón. Que estoy dejándote ir, porque he sido yo quien te ha secuestrado en mi mente y me he hecho criminal de mi propia historia de desventura. Esta es mi última noche de amarte con todo lo que tengo, con todo lo que soy. Esta noche debo ser fuerte. Hoy quiero recordarte solo para inspirarme en este poema que le dará fin a esta historia.

«Oh, dolor inexplicable, negro e inverosímil, te dejo aquí, porque ya no cabes en mi vida».

Debo enterrar este capítulo y pensar en escribir otro, con mis pasiones a flor de piel, ya sin miedos, sin presagios. Solo con el ahora.

Esta noche dejo de quererte para volver a encontrarme, para empezar una historia de amor conmigo misma, para hacer las paces con lo que he sentido, porque de amores y desamores siempre se llenarán las copas que embriagarán nuestras almas.

Tu último verso

Quiero regalarle a mi alma
el permiso para recordarte
una última vez,
y llorar hasta vaciarme,
porque si sigo así,
no habrá retorno de tanta agonía:
ya no podría dejar de amarte.

Quiero pensar
que no querías lastimarme,
que te alejaste, sin intención de dañarme,
porque tu vida y la mía
eran demasiado distintas.

Que corriste a refugiarte de tus demonios,
para que no combatieran con los míos.

Que simplemente no coincidimos
en el momento en que debimos.

Quizás algún día te olvide,
quizás ese día, sea un gran día,
y tome whisky sin soda como Sabina.

A lo mejor también me vuelva descarada,
a lo mejor se me olvida lo poeta.

A lo mejor vuelva a empezar,
y en vez de perderme, me encuentre,
y esta vez, me enamore de mí misma.

Quiero regalarte tu último verso.

Y decirte que tu tormenta
casi me arrasa, que fue violenta,
que dejó mil huellas.

Final de la historia

Desde un comienzo fuiste un misterio para mí. Nunca pude adivinar qué pasaría, pero siempre soñé de más. Jamás pensé que un insomnio me ayudaría a plasmar mis sentimientos en estos versos que han sanado mi alma que, más que rota, estaba perdida.

Si me preguntas en qué dimensión me hallo, te diré en la mía, arreglando mi vida, todo ese desastre que provocaste, a lo mejor sin querer. Solo lamento no haber disfrutado más ese último abrazo y no habernos tomado otro café juntos, bajo un amanecer increíble, en medio de una brisa de mayo. Pero escogí quedarme, en vez de con tus últimas palabras, con tu última sonrisa.

Después de ti, he hecho cosas absurdas, tonterías a morir, he llorado como loca, me he reído de verdad pensando lo estúpida que una puede ser frente al amor, he recuperado años, una gran pasión que había abandonado, esta: la de escribir. Y no me lo creo aún, porque ya no me da vergüenza hacerlo. He hecho nuevos amigos, he descubierto lo que en verdad es vivir. ***Antes de conocerte, yo no estaba viva como ahora.***

Aunque tu paso por mi vida fue una ráfaga de viento que dejó todo ese desorden que tuve que recomponer, agradezco estas sesenta noches en que mis desvelos se convirtieron en versos. Sesenta lunas en las que fui dejando trocitos de mi alma al escribirte y en las que guardé tu recuerdo para siempre en mi memoria.

Te debo mi capítulo más intenso, hacerme rejuvenecer la mente y el alma, llevarme a explotar mis sentimientos en el papel. Pelearme conmigo misma y ganar la batalla. Te debo no tener vergüenza por mis emociones ni por demostrarlas como nunca lo había hecho. Te debo darme el coraje de llorar, sin sentir que soy débil.

En cada uno de mis insomnios tus silencios le hablaban a mi alma, para contarles de ti y de tu indiferencia hacia ella. ***En cada uno de esos insomnios te escribí un poema. Sé que no los leerás, pero solo así, pude liberarme de ti.***

Si nunca te vuelvo a ver, siempre te llevaré conmigo,
adentro, afuera, en mis dedos y en los bordes del cerebro,
en centros de centros de lo que soy y de lo que queda.

Charles Bukowski

Agradecimientos

Debo agradecer por cada una de las cosas que han pasado en mi vida y me han llevado a convertirme en la persona que soy, así como a los sentimientos encontrados que me hicieron escribir éste, mi primer libro.

A los escritores dominicanos José Mármol y William Acevedo. El primero, alentó mis sueños de ser escritora desde el mismo momento en que respondió un correo que le envié titulado "Mi sueño de ser escritora". Yo no podía creer que me había respondido, y me recibiría en su oficina para ver mis manuscritos. Moría de emoción y miedo de que dijera que yo no tenía lo necesario para ser escritora. Pero contrario a eso él creyó en mí, leyó uno de mis poemas en voz alta e inmediatamente se aceleró mi corazón con aquel tono poético en que lo hizo. Allí supe que ya no podía escaparme más de hacer esto, que fluye en mí como la sangre. Con sus comentarios motivadores salí de allí segura de que podía convertir esos manuscritos en una obra. El segundo, me alentó a publicar y me ofreció su mano amiga para orientarme si lo necesitaba, aun sin conocer mi trabajo.

A mis amigos Enny Geraldo, Erick y Wilinel. Ellos inspiraron cosas maravillosas en mí en esta nueva etapa de mi vida, me motivaron a retomar mis sueños y a aventurarme en nuevos proyectos.

A mi amiga y colega Shanella, que apareció en mi vida como magia justo en el momento indicado. Ella es una niña frente a mí, pero me orientó y enseñó tanto en tan poco tiempo, me acogió con tanto cariño en su grupo de escritores, que no hay palabras para agradecerle también el haber sido una brújula en mi camino para que pudiera llegar a la consecución de este sueño.

A Juan y Roberth, gracias por su escucha y por ayudarme en una de las cosas más importantes: el título de esta obra.

A Juliana Del Pópolo, mi editora, por poner tanta dedicación y paciencia para orientarme en todo este proceso de publicación.

A mi editorial Venado Real por hacer de este sueño una realidad.

A los diseñadores que pusieron todo su arte en la ilustración y creación de la portada, y cada uno de los detalles internos, desde el mismo momento en que les presenté mi madeja de ideas.

A mis padres, hermanos y mi cuñado, que aguantan a diario cada uno de mis cambios de humor.

A mi hijo, que me ama cada día y se asegura de que yo lo sepa.

Sobre la autora

Denisse Martínez nació en República Dominicana, país en donde reside en la ciudad de La Vega. Ingeniera de profesión, pero con una pasión por la escritura que se remonta muchos años atrás, reparte su día entre su trabajo, su familia y escribir.

Le gusta la poesía, porque siente es el lenguaje de los incomprendidos, de los enamorados del amor, de los solitarios, de los callados, de los ingenuos que se atreven a soñar despiertos. Considera que escribir es una de las cosas con las que ha sentido mayor felicidad, algo que sabe, sin dudar, que podría hacer el resto de sus días.

Insomnios del alma es su primer libro publicado.

Contenido